Rudolf Steiner

Wie lerne ich praktisch denken?

Die Kunst des Denkens als Kunst des Lebens

Ein Vortrag gehalten in Nürnberg am 13. Februar 1909

Inhalt

Rudolf Steiner

Wie lerne ich praktisch denken?

Nürnberg, am 13. Februar 1909

Meine sehr verehrten Anwesenden!

Wer obenhin und oberflächlich sich aus dieser oder jener Broschüre über das unterrichtet, was Geisteswissenschaft will, was sie sich als ihr Ziel stellt, der kann leicht zu einem Urteil kommen, zu dem zweifellos viele, viele unserer Zeitgenossen kommen, die von Geisteswissenschaft auf diese Art hören, zu dem Urteil: «Was hat denn eigentlich gerade diese Geisteswissenschaft über praktische Ausbildung des Denkens zu sagen!»

Denn viele bilden sich ja durch solch oberflächliche Bekanntschaft die Meinung, Geisteswissenschaft sei etwas im Wolkenkuckucksheim Schwebendes, Weltfremdes und Weltfernes, das die Menschen von der wahren, echten Praxis des Lebens abziehe, und sie könne daher am allerwenigsten etwas über die Forderungen des praktischen Denkens sagen, das doch eigentlich mit den Forderungen des praktischen Lebens verknüpft sein soll.

Wer freilich sich etwas tiefer auf das einlässt, was Geisteswissenschaft ihrem Wesen nach ist, der wird zu einem anderen Urteil kommen und wird namentlich erkennen, dass sie aus zwei Gründen gerade berufen ist, auch über das Denken als eine praktische Lebensaufgabe einiges zu sagen.

Der erste Grund ist der, dass Geisteswissenschaft gar nicht unpraktische, lebensfremde und lebensfeindliche Menschen heranbilden will, dass sie im Gegenteil in all dem, was sie sein will, in das alleralltäglichste Leben hineingreifen kann – man möchte sagen, in die stündlichen Handgriffe des Lebens, mit dem wir es in der Lebenspraxis zu tun haben.

Erst dann ist die Aufgabe der Geisteswissenschaft richtig erfasst, wenn sie uns bis in alle unsere einzelnen Verrichtungen durchdringt, wenn sie uns sozusagen nicht nur weise macht, nicht nur über die höchsten Aufgaben und Rätsel des Daseins belehrt, sondern wenn sie uns geschickt, praktisch für das alleralltäglichste Leben macht. Das ist der eine Grund.

Der andere Grund ist nun ein solcher, der in engerem Sinne mit der Aufgabe und der Mission der Geisteswissenschaft zusammenhängt. Es ist oft auch hier in dieser Stadt betont worden, dass das, was Geisteswissenschaft über die höchsten Probleme des Daseins zu sagen hat, über die Geheimnisse des Lebens, über die Rätsel des Menschen, was durch sie aus den Beobachtungen des hellseherischen Bewusstseins heraus vorgebracht wird, dass das alles, wenn es vorgebracht wird, durch den vorurteilsfreien gesunden Menschenverstand verstanden werden kann.

Das wurde oftmals gesagt: Geforscht, gesucht kann in den höheren Welten nach den Gesetzen und Geheimnissen des Daseins nur von dem werden, der die in seiner Seele schlummernden Fähigkeiten und Kräfte, das geistige Auge, das geistige Ohr und so weiter ausgebildet hat. Wenn das dann erzählt wird, was da in den höheren Welten erforscht ist, so kann es von jedem verstanden werden, der sich von diesem Verstehen nur nicht durch die Vorurteile abhalten lässt, die ihm durch die Suggestion unserer Zeitkultur oder einer anderen Kultur zufließen.

Wenn also Geisteswissenschaft° so verstanden werden kann, so ist sie für jeden, auf welchem Posten des Lebens er auch stehen mag, nicht nur nützlich, sondern notwendig – sie macht ihn sozusagen erst zum wahren Menschen. Sie ist also ein allgemeinmenschliches Gut und sie kann und muss auch für denjenigen Interesse haben, der sich vielleicht überhaupt sagt: «Ich komme in diesem Leben nicht mehr dazu, selber ein Geistesforscher zu werden, selber mir die Augen öffnen zu lassen, um in die geistigen Welten hineinzuschauen.»

Das braucht man auch gar nicht, um Geisteswissenschaft kennenzulernen. Aber von gewissen Gesichtspunkten aus ist Geisteswissenschaft eine Vorbereitung auch für dieses Öffnen der geistigen Augen, der geistigen Erkenntnis- und Wahrnehmungsorgane überhaupt. Sie soll den Menschen in die geistige Welt hinaufführen.

Wer aber so in diese geistigen Welten hinaufdringen will, wer sich sozusagen das hellseherische Bewusstsein erwerben will, für den ist nicht Schwärmerei, nicht ein überhitzter Enthusiasmus die richtige Grundlage, sondern für den ist das Feststehen mit seinen beiden Füßen auf dem Boden des Lebens die richtige Grundlage. Man möchte fast sagen, obwohl das paradox klingt: Mit je weniger überhitzter Einbildungskraft, Träumereien und Fantastereien der Mensch an die geistige Forschung herantritt, desto besser ist es.

Nicht der Enthusiast, nicht der mit besonders reger Fantasie Begabte, nicht sie sind eigentlich diejenigen, die dem Geistesforscher die liebsten Schüler werden können, sondern diejenigen, die fest auf dem Boden des Lebens stehen. Am liebsten sind ihm die nüchternen Leute, denn die Begeisterung, der Enthusiasmus, sie kommen schon aus der Sache selber, wenn die großen Tatsachen des Lebens auf uns einwirken. Dann werden wir schon durch die Tatsachen bis zur poetischen, enthusiastischen Gesinnung erhoben. Und das ist es, was gesund ist – nicht durch ein überhitztes Inneres sich zur Begeisterung bringen zu lassen.

Daher ist gerade ein praktisches Denken, das fest auf dem Boden des Lebens steht, auch eine gute, die allerbeste Vorbedingung für den, der zum hellseherischen Bewusstsein hinaufstrebt. Obwohl das mit der Begeisterung, mit dem Enthusiasmus zu verstehen ist, so ist es doch richtig: Je nüchterner der Mensch ist, je praktischer, desto besser, wenn er in die Sphären des hellseherischen Schauens erhoben werden soll.

Das alles kann Ihnen wohl zeigen, dass die Geisteswissenschaft erstens allen Grund hat, zu glauben, dass aus ihren Ergebnissen heraus etwas über die Praxis des Denkens und ihre Ausbildung zu sagen ist und dass sie auf der anderen Seite ein tief gehendes Interesse hat, gerade auf praktisches Denken viel zu halten. Allerdings wird sie deshalb recht leicht in Kollision mit den Leuten kommen können, die sich gewöhnlich, namentlich heute, die Lebenspraktiker nennen – mit jenen «Lebenspraktikern», die wenn sie ein paar Worte nur von Geisteswissenschaft hören, sofort von Fantasterei sprechen werden. Die werden sagen: «Das ist etwas, was aller Praxis widerspricht.»

Was aber ist Lebenspraxis für diese Lebenspraktiker, für diejenigen, die so hochmütig in Bezug auf ihre Lebenspraxis sind, die sich auf ihre Lebenspraxis so viel einbilden, die alles abweisen, was nicht ganz schablonenmäßig in ihre Lebenspraxis hineinpasst? Das ist es für den, der das Leben zu beobachten vermag: dass sie womöglich früh und tüchtig gewöhnt werden, ausgetretene Geleise zu gehen, das zu beobachten, woran man sieht, «wie es gemacht wird», und es so zu beobachten, wie man sehen kann, dass es gemacht wird – sei es im Handelsbüro, sei es in der Werkstatt, da oder dort. Und ja, ja nicht aus den gewohnten Handgriffen heraustreten! Widrigenfalls, wenn man heraustreten sollte, setzte man sich der Gefahr aus, aus den Sphären ausgestoßen zu werden, in die man aufgenommen werden will.

Das ist die gewöhnliche Lebenspraxis: dass man nur in der Weise fortwurstelt, wie es überall geworden ist. Für den, der das Leben beobachten kann, setzt sich diese Praxis aus Kurzsichtigkeit, Gewohnheit und Intoleranz zusammen, immer mit gewissen Zusätzen von Brutalität – das wird dem Seelenkenner sehr bald bemerkbar sein. Diese Brutalität ist nötig, damit alles getreten werden kann, was sich nicht in diese dogmatische Lebenspraxis einfügen kann. Dies bringt es aber auch zu ganz sonderbaren Dingen.

Am besten kann man sich das an Beispielen klarmachen, von denen manche hier schon erwähnt worden sind. Wir wollen sie uns heute vor die Seele rücken, um uns daran die gewöhnliche Lebenspraxis vorzuhalten.

Wer wird es heute nicht praktisch finden, dass man nicht mit jedem Brief zum Postschalter gehen muss und dort ein riesiges Buch aufgeschlagen werden muss, um dann nachzusehen, wie weit weg der Ort liegt, an den der Brief gerichtet ist – und danach muss dann bestimmt werden, bei halben Pfennigen, wie viel man als Porto zu entrichten hat. In den wenigen Fällen, wo man das heute tun muss, kann man schon lernen, wie praktisch es ist, dass man das hat, was man das «Pfennigporto» nennt – die Einheitsmarke selbst für weite Entfernungen.

Das hat es vor 80 oder etwas mehr Jahren noch nicht gegeben. In den Vierzigerjahren des vorigen Jahrhunderts war es noch so, dass man mit einem Brief zum Postschalter gehen musste und viele Umstände hatte. Kein Postpraktiker war es, der diese Einheitsmarke erfunden hat, sondern der Engländer Hill, der nicht vom «praktischen» Leben war. Er hat zuerst gesagt, welche Vorteile es haben würde, wenn man das Pfennigporto einführen würde. Das ist kein Märchen, Sie können es in den Parlamentsakten des englischen Parlaments nachlesen.

Derjenige, der der Praktiker war, der hat gesagt: «Ach, was der Hill da ausrechnet, glaube ich ihm nicht. Denn eine solche Einrichtung kann sicher unseren Verkehr nicht so anheben, wie er angibt. Und selbst wenn es wahr wäre, dann müsste man dagegen sein, denn dann müsste man das Postgebäude dreimal so groß machen, wie es ist.»

Das war der «Praktiker», während der «Unpraktiker» gerade diese weltumwälzende Entdeckung des Pfennigportos gemacht hat!

Und ich brauche nur an etwas zu erinnern, was man hier (in Nürnberg) wissen sollte. Als die erste Eisenbahn gebaut werden sollte, wurde ein Medizinalkollegium gefragt – ein «praktisches» –, ob man aus hygienischen Gründen Eisenbahnen bauen sollte. Das Dokument kann gelesen werden: Von den «Praktikern» wurde das Urteil abgegeben – es liegt gar nicht so viele Menschenalter hinter uns –: «Man solle keine Eisenbahn bauen!» So urteilten die «Praktiker». «Denn die Leute würden sich ihr Nervensystem zugrunde richten. Wenn man aber doch Eisenbahnen bauen wollte und sich Menschen fänden, die damit fahren, so müsse man hohe Bretterwände zu beiden Seiten errichten, damit diejenigen, an denen die Bahn vorbeiführt, nicht Gehirnerschütterung kriegen.»

Wiederum ein solches Urteil aus der «Praxis» ist es, was der Postmeister Nagler in Potsdam gesagt hat: «Ich lasse täglich zwei Postkutschen° hinausfahren, in denen niemand sitzt. Wie soll dann in der Bahn jemand sitzen (wenn doch keiner nach Potsdam fährt)?»

Das sind lauter Tatsachen aus dem praktischen Leben. Mit einer solchen Anschauung von der Lebenspraxis kann allerdings ein wirklich praktisches Denken in Kollision kommen. Aber diese wirklich praktischen Denker müssen schon einmal etwas tiefer in das Wesen des eigentlichen Denkens eindringen. Und da darf ich vielleicht gleich von etwas ganz Konkretem ausgehen – so recht etwas vom unpraktischen Denken tritt uns hier entgegen.

Während meiner Studentenzeit erlebte ich den Fall von unpraktischem Denken, und zwar mit solcher Stärke, dass sich mir ein Typus von unpraktischen Denkern ergeben hat, die ich die «inneren Wagenschieber» nennen möchte, eine Kategorie, mit denen man viele Menschen in Bezug auf ihr

Denken bezeichnen kann. Und zwar kann ich Ihnen klarmachen, was diese inneren Wagenschieber des Denkens sind. Während meiner Studentenzeit kam ein Kollege mit rotem Kopf zu mir und sagte: «Ich habe jetzt eine wunderbare Erfindung gemacht. Ich muss schnell zum Radinger» – das war der Fachreferent – «und muss ihm meine Erfindung auseinandersetzen. Das ist etwas Weltumwälzendes.»

Er ließ sich nicht aufhalten, rannte zum Fachreferenten und kam etwas bedrückt zurück. Er musste eine Stunde warten und hatte doch mit seiner weltumwälzenden Erfindung keine Zeit zu verlieren! In dieser Zwischenzeit wollte er mir die Sache erklären. Er fing an, alles war sehr scharfsinnig. Er erzählte von einer außerordentlich schön ineinanderlaufenden Maschinenkonstruktion und konnte zu gar keinem anderen Resultat kommen, als dass er das Problem gelöst habe: durch möglichst wenig Dampfkraft, die die Maschine zuerst verzehrt, mit Hilfe der mannigfaltigsten Übersetzungen schließlich eine Riesenmenge von Arbeitskraft zu leisten.

Ich ließ mir die Sache erklären und ich sagte zuletzt: «Ja, sieh mal, wenn man die Sache auf einen einfachen Gedanken bringt, so ist sie ebenso ausführbar wie das wichtige Problem: Wenn du dich ins Innere eines Eisenbahnwagens stellst und diesen anschiebst – so wahr wie du diesen vorwärtsbringst, so wahr geht diese Maschine.» Er sah die Sache auch gleich ein und ging nicht mehr zum Fachreferenten.

So wie der Mann damals dachte, so denken nämlich viele Menschen, und deshalb kann man sie die «inneren Wagenschieber» nennen. Sie denken in einem gewissen Zusammenhang, der ein begrenztes Gebiet darstellt. Das, was drüber und draußen ist, sehen sie nicht. Sie sind im Inneren der Sache und finden alles sehr scharfsinnig, wie es im Inneren der Sache bestellt sein muss. Aber dass da draußen auch noch etwas sein muss, finden die Leute nicht.

Es ist eigentlich so, ohne dass die Menschen es merken, dass die allermeisten im eng begrenzten Kreis sich bewegen, ohne auch nur hinauszusehen in die Weite und zu wissen, dass man den Widerstand draußen suchen muss, um schieben zu können. Dass man von innen nicht schieben kann, daran denken die Menschen nicht, solange sie nur im Inneren des Wagens hantieren, in ihrem eng begrenzten Gebiet. Sie meinen, von dem, was draußen vor sich geht, brauchen sie auch gar nichts zu wissen.

Nur hat die Welt mit diesen inneren Schiebern nicht viel zu tun. Sie kommen nämlich für die Welt nicht weiter – sowenig wie der Wagen, den man von innen schiebt, vorwärtskommt. Aber es kommen viele Menschen auch deshalb nicht weiter, weil sie in ihrem Denken nach dieser Kategorie (der Wagenschieber) verfahren.

Das ist es, dass wir unser Denken so ausbilden lernen, dass wir über den Wagen hinaussehen. Selbst wenn wir auch die Wissenschaften überblicken, so finden wir sehr, sehr häufig innerhalb derselben gerade dieses Element des Denkens des inneren Wagenschiebens. Denn es sieht gewöhnlich – das ist das Charakteristische unserer Wissenschaften – der, der ein gewisses Gebiet bearbeitet, über das Engste nicht hinaus. Auch das konnte ich schon klarmachen.

Denken Sie an die Kant-Laplace'sche Theorie. Sie ist für viele heute doch noch etwas, woran sie festhalten, wenn auch da und dort nicht mehr an ihr festgehalten wird – aber die anderen Theorien sind nicht besser. Diese Theorie, die einen Urnebel annimmt, diesen rotieren lässt, die Ringe und Planeten absondern lässt, sie versinnbildlicht das im Kleinen sehr schön, sehr niedlich in unseren Schulen, indem sie ein Weltsystem entstehen lässt. Man nimmt eine gewisse Substanz, die auf dem Wasser schwimmt, macht einen großen Tropfen daraus, schneidet ein Kartenblatt rund aus und schiebt es in der Äquatorrichtung hinein. Man nimmt eine Stecknadel, steckt sie hinein, bringt den Tropfen zur Drehung. Tröpfchen sondern sich ab und rotieren. Man hat ein schönes, niedliches, kleines Planetensystem: in der Mitte die Sonne und ringsherum die Planeten.

Wie könnte man, so meinen die Leute, anschaulicher zeigen, dass wirklich durch so etwas die Sache entstanden sein muss. Man sieht es im Kleinen entstehen, das ist ja ein augenscheinlicher Beweis. Das ist recht hübsch – nur ist das das Denken eines inneren Wagenschiebers. Der Experimentator hat nämlich vergessen, dass *er* da dreht und dass das Niedliche nicht entstehen würde, wenn er nicht drehen würde.

Nicht wahr, man braucht natürlich durchaus nicht zu denken, dass ein Riese da draußen im Raum steht, der den Urnebel in Drehung versetzt. Aber man darf nicht die geistigen Hintergründe vergessen, die demjenigen zugrunde liegen müssen, was sich mechanisch vollzieht. Alles das zeigt Ihnen, wie notwendig es für das äußere Leben und für das Leben in der Wissenschaft ist, dass unser Denken wirklich fest in dem Boden der Denkerpraxis wurzelt.

Die Geisteswissenschaft selber kann uns nun drei Dinge aufzeigen, die erfüllt werden müssen, wenn wir wirklich unser Denken im praktischen Sinne ausbilden wollen.

Und dabei ist es so, dass in der Tat, sowenig es von Anfang an so aussieht, diese Dinge zur Denkerpraxis hinführen, der Mensch, der sie auf sich anwendet, schon die Erfahrung macht, wie sein Denken klarer, schärfer, umfassender wird. Wir werden diese drei Stufen der praktischen Gedankenausbildung uns sogleich vor die Seele führen. Wir müssen uns aber vorher die *Grundbedingung* vor Augen führen, die man *als Gesinnung* braucht, wenn man daran denken will, die richtige Stellung zum Denken zu gewinnen.

Ich habe das Bild schon gebraucht: Niemand sollte glauben, Wasser aus einem Glas schöpfen zu können, in dem keines ist. Diejenigen, die heute über das Denken denken, denken nach diesem Muster. Sie denken nämlich, dass sie Gedanken aus einer Welt gewinnen können, in der keine drinnen sind. Das allein gibt die Möglichkeit, dass unsere in unserer Seele aufleuchtenden Gedanken, Begriffe und Vorstellungen etwas bedeuten: Dass sie nicht etwas Wesenloses sind, dass die Welt nach den Gedanken, die wir in ihr finden, wirklich erst aufgebaut ist.

Nur eine Welt, die aus den Gedanken entsprungen ist, die wir finden, ist berechtigt, durch Gedanken gedacht zu werden. Derjenige, der eine Uhr ansieht, wird leicht glauben, dass der Uhrmacher die Gedanken gehabt hat, die da drinnen liegen. Nur wer über die Welt nachdenkt, möchte glauben, dass die Welt nach Gedanken geordnet ist, die erst hinterher vom Menschen ersonnen werden. Er möchte bloß Gedanken gelten lassen, die sich die Seele bildet, möchte in ihnen solche sehen und möchte nicht glauben, dass die Dinge erst nach den Gedanken gebildet sind, die sich der Mensch zuletzt bildet. Man hat das Wort geprägt: «Was der Mensch zuletzt in den Dingen findet, ist zuerst in sie hineingelegt.» Wenn der Mensch zuletzt die Gedanken findet, so findet er sie deshalb, weil sie zuerst in die Dinge hineingelegt worden sind.

Dann aber, wenn man dies ernst nimmt, gewinnt man vor allen Dingen das, was man nennen könnte: *Vertrauen zu einem solchen Denken,* das mit der Wirklichkeit im Bunde stehen will. Wenn ich weiß, dass nicht nur da drinnen in uns – wie das materialistische Denken glaubt – gedacht wird, sondern dass alles gedacht ist, was mir entgegentritt, dann werde ich suchen, in den Dingen die Gedanken zu schauen, mich an die Dinge zu halten, wenn ich denken soll.

Ein Psychologe der Goethe-Zeit, Heinrodt, hat gerade Goethes Denken, weil Goethe wie durch Veranlagung schon hereingeboren wurde in dieses Leben mit diesem Ziel, sich mit dem Denken an die Dinge zu halten, gleichsam in den Dingen zu denken, nicht abstrakt – Heinrodt hat Goethes Denken ein «gegenständliches Denken» genannt, ein Denken, das sozusagen nur das denkt, was in den Gegenständen ist, und nur solches denkt, was wirklich in die Gegenstände hineinfließen kann. Und Goethe hat das für sich ungeheuer treffend gefunden.

Goethe hatte wahrhaft gerade diese Anlage, wie wir vielleicht noch genauer sehen werden, in den Dingen zu denken, sodass das Denken nicht von den Dingen abgesondert war, sondern in das Gefüge der Dinge tauchte. Derjenige, der nicht mit solcher Anlage zur Welt kommt, sondern sich nach und nach dieses praktische, in den Dingen lebende, gegenständliche Denken erwerben muss, der muss eben dreierlei beachten. Dies ist das Folgende.

Das Erste ist: Wir müssen als Mensch, wenn wir praktische Denker werden wollen, ein gewisses Verhältnis zu den Gegenständen und Tatsachen um uns haben. Und dies Verhältnis lässt sich so ausdrücken: Wir müssen so viel als möglich danach trachten, Interesse für die Gegenstände und Tatsachen des Lebens zu haben. Interesse an der Außenwelt, das ist das erste Zaubermittel zur Erlangung eines praktischen Denkens.

Das Zweite ist: Unsere eigenen Handgriffe, unsere eigenen Betätigungen müssen als Betätigungen von Lust und Liebe beherrscht sein.

Und das Dritte ist: Wenn wir für uns selber denken, wenn wir über das Leben hinausgehen und uns Gedanken in unserem Inneren machen, dann müssen wir dafür vorzugsweise innere Befriedigung haben.

Das sind in der Tat die drei Abstufungen, die drei Zaubermittel allen praktischen Denkens:

- Interesse an der Umwelt,
- Lust und Liebe zu allen unseren Betätigungen und
- innere Befriedigung, wie man sagt, an der «Reflexion», das heißt an dem Denken, das wir still für uns, abgesondert von den Dingen, verrichten.

Aber diese drei Dinge müssen wir wirklich haben!

Ja, was ist denn eigentlich Interesse an den Dingen? Nichts anderes ist das Interesse an den Dingen als ein wirkliches Hinführen zum praktischen Denken, wenn wir gar nicht Anspruch darauf machen, mit unseren Schablonen, mit vorgefassten Begriffen an die Dinge heranzutreten, sondern geneigt sind, in jedem Augenblick die Dinge als «Individualitäten» zu nehmen und zu sagen: Sie haben uns immer etwas zu sagen.

Es scheint damit wenig gesagt zu sein, aber damit ist ungeheuer viel gesagt, wenn man auf die Lebenspraxis geht. Die meisten kommen an die Menschen und Dinge ihrer Umgebung mit schablonenhaften Begriffen heran. Sie sehen sich zum Beispiel den einzelnen Menschen an, aber sie sehen nicht *diesen* Menschen, sondern nur etwas Oberflächliches und Flüchtiges. Und wenn das zu ihren schablonenhaften Begriffen stimmt, dann sind sie damit fertig. Dies führt niemals zur denkerischen Praxis.

Man wird in diesen Dingen sehr schwer verstanden. Als ich vor kurzem denselben Vortrag hielt, sagte nachher einer: «Ja, ich habe die Vorstellung: Wenn einer einen dicken, roten Hals hat und auch sonst sehr dick aussieht, dann ist er ein Materialist. Das sagt mir doch der Betreffende selber durch sein Aussehen!» Der, der so redete, hatte alles gehört, was gesagt worden ist – hat es aber nicht verstanden. Er ist in dem Fall gewesen, dass er sich den dogmenhaften Begriff gebildet hat: «Wenn er einen solchen Menschen mit einem roten, dicken Hals, der auch sonst dick ist, sieht, so bewertet° er ihn so, dass er sagt: Das ist ein Materialist» – statt auf die einzelne Wesenheit einzugehen und zu denken: Sie hat mir etwas zu sagen, sie hat das Geistig-Begriffliche in sich selber, ich muss auf sie eingehen. Jeder Einzelne kann mir doch etwas sagen. Das ist das eine.

Dann aber handelt es sich darum, sich nicht bloß für jedes Individuelle ein so geartetes Interesse heranzuerziehen, sondern auch für den *Tatsachenverlauf* selber. Und da kann man es durch spezielle Übungen sehr weit bringen. Ich möchte Ihnen gleich etwas ganz Bestimmtes sagen.

Nehmen Sie an, Sie treten heute einem ganz bestimmten Ereignis, einer bestimmten Tatsache entgegen. Sie beobachten die Tatsache: Ein Mensch tut dies oder jenes. Sie fassen das treu auf. Dann bilden Sie sich folgende Gedanken: Wenn das heute geschieht, so will ich mir anhand dieser Tatsache die Vorstellung bilden, was als die Voraussetzung zu dem, was heute geschieht, gestern geschehen sein mag. Ich will mir das im Begriff konstruieren, was vorangegangen ist, das heißt, ich verlängere mir im Begriff die Tatsache nach rückwärts. Und dann gehe ich daran und forsche, wie es gewesen ist.

Zuerst wird der Mensch finden, dass er sich geirrt hat. Aber nach und nach wird er merken, dass er dadurch, dass er solche Übungen macht – dass er sich nach hinten hin die Ursachen bis zu einer gewissen Zeit konstruiert und an den Tatsachen dann prüft, ob sein Denken sich so an die Wirklichkeit angelehnt hat, dass es sie trifft, dann wird er sehen, dass er nach einiger Zeit aus den Tatsachen selber heraus denkt, dass sie ihn führen, dass er die richtigen Voraussetzungen trifft.

Man kann es aber auch anders machen, etwa so: Man kann ein Ereignis, das heute geschieht, prüfen, ein Ereignis der Natur oder irgendein Ereignis im menschlichen Leben. Und jetzt bildet man sich «konstruktiv», in Gedanken, was morgen als Folge dieses Ereignisses geschehen wird. Man wartet nun ruhig darauf, was wirklich eintrifft, und vergleicht das mit dem, was man sich selbst ausgedacht hat. Wiederum wird man sehen, dass man sich anfangs sehr irrt. Wenn man sich aber treu an die wirklichen Tatsachen hält und das Vertrauen hat: «Versenkst du dich in die Tatsachen und lässt in deinen Gedanken das entstehen, was auch in der Wirklichkeit entstehen muss, hältst du dich an das Ereignis und verlangst von dir, dass die Gedanken einen Verlauf nehmen wie die Tatsachen selbst, dann kommst du weiter.»

Es sind ungeheuer wirksame Übungen, die man so mit dem praktischen Denken anstellen kann. Nun stellt sich etwas ein: Es muss in einer gewissen Weise solch eine Übung *selbstlos* vorgenommen werden, sonst wirkt sie nicht. Das ist Erfahrung.

In dem Augenblick wirkt sie nicht, in dem sich jene Selbstsucht hineinmischt, die so ausgedrückt werden kann: Wenn der Mensch sich vorstellt, das oder jenes muss geschehen, und wenn das tatsächlich so geschieht und er dann sagt: «Habe ich es nicht gerade so vorausgesagt?» – in dieser selbstsüchtigen Freude liegt ein Hindernis dafür, dass die Kraft, die wir so ausbilden, wirklich wirkt. Das ist Tatsache, es ist ein reales Erlebnis, das jeder, der die Übungen ausführt, selber machen kann. Diese Dinge unterliegen gewissen Gesetzen, geradeso wie die Tatsachen der chemischen Analyse und Synthese.

So sehen wir, wie der Mensch sozusagen in die Dinge «hineinkriechen» kann, sich im Denken mit den Tatsachen identifizieren kann. Dann verläuft, was er denkt, im Sinne der Tatsachen. Ich spreche heute für Erwachsene – für Kinder würde es zu weit führen. Nur das sei noch gesagt: Wenn jemand ein wirkliches, an die Außenwelt gebundenes Denken entwickeln will, das sozusagen im Denken dem entspricht, was draußen vorgeht, so muss er besorgt sein, solche Übungen nicht bloß so zu machen, dass ein Ereignis neben das andere gestellt wird. Er muss darauf achten, ein Gefühl für *das Gewicht eines Ereignisses* zu erhalten.

Das ist etwas, was mit der praktischen Ausbildung des Denkens zusammenhängt, was aber die wenigsten Menschen heute kennen. Wer beobachtet, weiß, wie wenig die Menschen ein Gefühl dafür haben, dass es einen Unterschied macht, ob einer eine Sache sagt oder ein anderer. Beide können dasselbe ausdrücken; durch das aber, als was sich uns der eine darstellt, haben seine Aussagen ein anderes Gewicht als durch das, als was sich uns der andere darstellt. Für das Gewicht der Dinge, die wir erlangen, müssen wir uns vor allen Dingen ein gewisses Gefühl aneignen.

Mit solchen Dingen war Goethe schon zur Welt gekommen. Er hatte sie in früheren Inkarnationen ausgebildet. Daher wurde er etwas – für den, der die Tatsachen kennt, ist das klar –, daher wurde er etwas, was viele, die sich heute praktisch dünken, durchaus nicht sind. Goethe war ja Jurist geworden, hat auch praktische juristische Tätigkeit ausgeübt. Diejenigen, die diese Tätigkeit von ihm kennen, wissen, dass sein juristisches Wissen zwar kein sehr umfassendes war, aber was er juristisch geführt hat, was das auszeichnet, ist das Gegenteil von dem, was man heute beobachten kann.

Es läuft ein Prozess, der wird einem Rechtsanwalt übergeben. Man kommt hin, will etwas von ihm wissen. Ja, es ist kein richtiges Besinnen da, man steckt nicht da drinnen. Es werden Aktenbündel aufgeschlagen, es wird der Zettel angesehen. Das Unpraktischste kann man da finden! Für viele sind die, an die man sich als an die Praktiker wenden muss, diejenigen, die die Sache so unpraktisch wie möglich machen.

Goethe war praktisch. Viel hat er nicht in der «Juristerei» gewusst, aber was er angefasst hat, war in einer praktischen Weise angefasst. Man darf sich unter solch einem Menschen, der Goethe war, nicht vorstellen, dass er unpraktisch sein muss. Wenn einmal die Akten herausgegeben werden, die Goethe in Weimar als Minister angelegt hat, da wird man sehen, dass er ein Praktiker war.

Eine ganz andere Praxis hatte Goethe als eine solche von «Nicht-Dichtern», wobei nicht bloß eine Lanze gegen die «Praktiker», die so hochmütig sind, gebrochen werden soll. Man kann bei Goethe auch noch anführen: Es ist bekannt, dass er seinen Herzog nach Apolda hinaus begleitet hat und bei der Rekrutenaushebung alles praktisch ausgeführt hat, was da zu tun war. Und als sie fertig waren, arbeitete er an seiner *Iphigenie* – schon während dieser Sache arbeitete er daran.

Nun müssen wir doch sagen: Wie viele unserer Dichter würden sich sehr gestört fühlen, wenn sie neben der Niederschrift ihrer glänzenden Ideen noch Rekruten ausheben müssten? Aber ich glaube nicht, dass die *Iphigenie* deswegen schlechter als manches zeitgenössische Dichtungsprodukt geworden ist, weil bei der Rekrutenaushebung daran gearbeitet wurde. Aber Goethe hat das eben gemacht, weil er mit seinen Gedanken so «gegenständlich» war, dass seine Gedanken in den Dingen arbeiteten, nicht von den Dingen abgezogen, nicht spekulativ.

Das zeigt sich dann, wenn Goethe in eminentester Weise jenen Zusammenhang zwischen seinem Gedankenablauf und dem Ablauf der Dinge draußen darlegen konnte. Goethe hat Meteorologie studiert. Die heutigen Meteorologen sehen von oben herab auf die «dilettantischen» Dinge seiner Witterungskunde. Aber die Dinge wurden bei ihm so, dass sie praktische Blickbewegungen waren, Blickbewegungen, die, wenn sie einmal überschauten, spürten, was aus einem Ereignis in der nächsten Zeit wird.

Oft ist es geschehen, dass Goethe sich an das Fenster stellte, hinaussah und ein kleines Stück Himmel sah und sagte: «In drei Stunden regnet es.» Das war eine bessere Vorhersage als manche heutige. Goethe webte mit seinen Gedanken in den Dingen drinnen. Namentlich durch sein Interesse an der Umwelt kann man auch künstlich diese Stufe der denkerischen Praxis sich aneignen.

Ein Zweites, was wichtig ist, ist die Lust und Liebe zu dem, was wir tun. Das heißt, wir müssen versuchen, Lust und Liebe zu den Handgriffen selbst zu haben, gleichgültig, was daraus wird. Dann werden wir ebenso gerne das tun, was etwa verfehlt werden kann, wo nichts dabei herauskommt als dasjenige, was zu schönen Resultaten führt. Das ist wirklich Bedingung eines praktischen Denkens.

Ich habe einen jungen Menschen gekannt, der hat sein praktisches Denken dadurch geübt, dass er sich seine Schulbücher selbst gebunden hat. Er hatte große Freude daran, alle diese verschiedenen Handgriffe zu machen, die man zum Büchereinbinden machen muss. Das ist eine bessere Schulung des praktischen Denkens als alles Grübeln und Spintisieren: die Notwendigkeit zu haben, sozusagen jeden Faden, den man einspannt und durchzieht, auf seine Wirkungsfähigkeit zu prüfen, immer achtgeben zu müssen, wie die Finger sich bewegen – das ist wirklich eine gute Vorschule für ein praktisches Denken.

Und je mehr vergebliche Versuche man gemacht hat, desto besser für das praktische Denken. Selbst so ausgezeichnete Menschen auf dem Gebiet von Theorie und Praxis und so bedeutsame Geister wie Leonardo da Vinci heben das hervor und werden nicht müde, die Einzelheiten zu charakterisieren. Er spricht davon, wie man versuchen soll, um eine Vorlage abzuzeichnen, zuerst auf Pauspapier die Vorlage abzumachen. Dann legt man die Zeichnung über die Vorlage und prägt sich ein, wo man abgewichen ist. Dann zeichnet man nochmals und wendet besondere Sorgfalt auf die Stelle an. Diese einfache Sache war Leonardo da Vinci nicht zu gering, um eine Seite seiner Werke damit zu füllen. Und man kann nach dieser Anweisung auf allen möglichen Gebieten des Lebens versuchen, das Denken zu einem praktischen zu gestalten.

Das Dritte ist die innere Befriedigung an dem abgezogenen Denken. Das müsste eigentlich jeder haben, auf welchem Gebiet des Lebens er auch steht. Wenn er auch ein Geringes an Zeit damit verliert, es kommt ihm reichlich wieder herein, selbst auch in materieller Beziehung. Auf welchem Gebiet des Lebens man auch steht, man soll in die Lage kommen, nicht über das nachzudenken, womit man sich gerade betätigt. Über fremde Gebiete soll man Augenblicke des Nachdenkens haben, über diese oder jene Fragen. Solche Minuten des Nachdenkens, in denen man in der Art denkt, dass man nicht verlangt, dass das in die Außenwelt einfließt, sollen uns mit innerer Befriedigung erfüllen.

Mit dem Auflösen von Fragen, die dem fernstehen, was man in Bezug auf das unmittelbar Praktische im Leben denken kann, mit dem kommt man als Mensch nicht weiter. Worin man zunächst nur innere Befriedigung hat, was man da nur mit seinen Gedanken ausführt, mit dem kommt man als Mensch weiter.

Wenn der Tischler nur über die Herstellung der Tische und Stühle nachdenkt, so kommt er als Mensch nicht weiter. Als Mensch kommt er weiter, wenn er das denkt, was ihn innerlich befriedigt. Das bildet die Denkorgane. Da kommt man als Mensch und dadurch auch als Praktiker weiter.

Keiner wird leugnen, dass man anders dem Leben gegenübersteht, wenn man dieses oder jenes Wesen ist: Es ist ein großer Unterschied, ob ein Hund oder ein Mensch vor der Sixtinischen Madonna steht. Der Mensch steht in einem ganz anderen Verhältnis dazu. Wenn der Mensch immer in einem bestimmten Gebiet bleibt, kommt er nicht über sich hinaus; wenn er sich denkerisch betätigt und Befriedigung daran hat, kommt er weiter. Durch abgezogene Reflexion, in der er Befriedigung hat, wirkt er auf die Praxis anders als ohne sie. Und er wird gerade dadurch über ein enges Gebiet hinauswachsen. Er wird über den Standpunkt des «inneren Wagenschiebers» hinauswachsen – mit einem innerlich befriedigenden Denken, das nichts weiter ist, als was innerliche Befriedigung sucht und gewährt.

Hier kann man auch die Gründe finden, warum es unrecht ist, dass immer und immer wieder von unseren Schulen betont wird: «Ach, was werden da für Dinge gelehrt, die man im praktischen Leben nicht anwenden kann!» Wenn sie nur ordentlich gelehrt werden, dann sind sie von ungeheurer Bedeutung. Diese Dinge, die man nicht unmittelbar anwenden kann, die bilden gerade den Menschen um. Was ins Leben ausfließt, fließt weniger in den Menschen selber ein; was nicht ins Leben ausfließt, bildet die feinen Organe, das bringt den Menschen weiter.

Dadurch wird er selbständig, dadurch wird er von der Gärung der Gedanken so durchkraftet, dass sie bis in die Glieder geht. Man kann es sehen, dass der Mensch ein solch innerliches, ihn befriedigendes, nicht unmittelbar auf die Außenwelt gehendes Denken entfaltet. Er wird beweglicher, geschickter in seinen Gliedern. Nichts kann eine solche Schulung des Denkens ersetzen. Wer Erfahrung in diesen Dingen hat, kann sehr genau unterscheiden zwischen solchen, die die genannten Übungen machen, und solchen, die es nicht tun.

Wenn man zum Beispiel auf Reisen ist, kann man genau die Praktiker erkennen. Diejenigen, die gerade in der Werkstatt praktisch sind, sind manchmal im Übrigen recht täppisch. Es wird einem eigentümlich zumute, wenn man sieht, wie die einfachste Fingerbewegung nicht geleistet werden kann, wenn die Situation eine andere als gewöhnlich ist. Das ist unmittelbar ein Ausfluss dessen, dass solche Menschen nicht daran gewöhnt worden sind, innerlich Gedanken zu entwickeln und Befriedigung daran zu haben.

Man muss das eine nicht etwa ohne das andere tun. Wer nur in Reflexion leben will, wird ein Lebensfeind und Spekulant. Der aber, bei dem sich die beiden Dinge entsprechend die Waagschale halten, wer ruhig auf die Dinge blickt und ruhig reflektiert, der wird sein ganzes Leben durchkraften, man möchte sagen, mit Geschicklichkeit. Er wird zu allem anstellig, er nimmt selbst den Suppenlöffel anders als einer, der das nicht tut. Bis in die Einzelheiten des Lebens geht das, denn Gedanken sind Realitäten. Sie teilen sich dem Materiellen auf allen möglichen Wegen mit. Darauf kommt es an.

Auf diese Weise schulen wir unser Denken zur rechten Praxis heran. Wir sehen dann hinaus zu den Fenstern des Wagens, in dem wir sitzen, und sehen die Gesetze, die dadurch gegeben sind, dass der Wagen noch mit der Welt zusammenhängt – und schieben nicht bloß innerlich! Das ist sehr verbreitet, dieses innerliche Schieben, und gerade in unserer heutigen Zeitkultur, wie sie so intim und intensiv von der Naturwissenschaft beeinflusst wird, da kann der, der sich auf wirkliche praktische Denkschulung eingelassen hat, sehen, wie viel von der bloßen Unpraxis des Denkens abhängt.

Wenn die Menschen eine Ahnung davon hätten, was praktisches Denken ist, so würden sie schon an dem Unpraktischen des Denkens sehen, dass gewisse Dinge eben falsch sein müssen.

Die Tatsachen, die von der *Naturwissenschaft* erforscht werden, können bewunderungswürdig sein. Aber die Schlüsse, die daraus gezogen werden, sind häufig schauderhaft durch das unpraktische Denken dessen, der sie zieht.

Mit welchen Schlüssen wird heute für viele nachgewiesen, dass es eigentlich keine Seele gibt, dass alles, was der Mensch vollbringt, auf rein mechanischen Gesetzen beruht! In einem Abriss der Psychologie, die von einem Menschen geschrieben ist, der großes Ansehen hat, finden Sie auf den ersten Seiten eine ganz merkwürdige Schlussfolgerung. Wer nur einen Funken vom Begriff vom praktischen Denken hat, der wird es sogleich auf seinen wahren Wert zurückführen können.

Da steht: «Frühere Zeiten haben gesagt, es gäbe eine selbständige Seele. Heute aber ist auch der Mensch in dies Gespinst von der Erhaltung der Kraft eingespannt worden.» Da wurde zuerst untersucht, sagt man, an Tieren, dass alles, was man als Nahrung ihnen zuführt, nur umgewandelt wird und dass das, was sie verrichten, umgewandelte Nahrung ist. Was die Tiere an Kraftwert erhalten, ist nur umgewandelte Nahrung. Wie sollte da eine selbständige Seele sein, wenn bloß das umgewandelt herauskommt, was man hineingestopft hat?

Man hat sich nicht damit begnügt, dies beim Tier zu zeigen. Man hat auch beim Menschen versucht zu zeigen, wie das, was man an Kraftwerten der Nahrung in den Menschen hineinsteckt, das wieder in anderen Formen herauskommt. Wozu braucht man da eine Seele, sagt man. An Studenten wurde das probiert. Sehr scharfsinnig sind die Rechnungen, die nachweisen sollen, dass keine Seele da drinnen sein kann, dass alles umgesetzte Nahrungskraft ist, was der Mensch denkt und tut.

Die Tatsachen sind bewunderungswürdig scharf, die Methoden sind sehr schön ausgedacht, die Instrumente großartig. Die Schlussfolgerungen aber sind die grausigsten, die man sich denken kann. Denn man braucht nur den Gedanken auf die einfachsten Elemente zurückzuführen, dann wird man dies gleich sehen. Der Gedanke ist genau nach folgendem Muster aufgebaut: Gilt das Folgende, so auch das andere.

Wir stellen uns bei einer Bank auf. Wir wissen, in diese wird Geld hineingetragen. Jetzt prüfen wir all das Geld, wir schreiben alles im Einzelnen auf. Dann prüfen wir, was herausgetragen wird. Wir kommen zu dem wundervollen Resultat, dass das Geld, das herausgetragen wird, genauso viel ist wie das, was hineingetragen worden ist. Daraus schließen wir, dass da keine Beamten drinnen zu sein brauchen, denn ebenso viel Geld wird herausgetragen wie hineinkommt. Ebenso scharfsinnig ist das andere Urteil: Es kommt ebenso viel an Arbeits- und Gedankenkraft heraus, wie an Nahrungswerten in den Menschen hineingelangt.

Aber das geht in noch viel feinere Gebiete hinein. Wir haben heute ein wunderbares Forschungsgebiet, das in die kleinsten Organe der Wesenheiten hineinleuchtet. Da finden sich sehr bedeutsame kleine Organe. Bewundernswert sind die Forschungsmethoden, durch die man an den Pflanzen etwas nachzuweisen imstande ist, was die menschlichen Seelenorgane nachahmt. Man weist nach, dass facettenartige Organe da sind, die das Auge bilden, ja, man fotografiert sogar Bilder, die da in den Pflanzenaugen entstehen, und es wird daraus geschlossen – es soll nichts an der wunderbaren Forschungsmethode verunglimpft werden, es soll nur die Schlussfolgerung ins rechte Licht gesetzt werden –, da wird geschlossen: Weil das so beobachtet werden kann, so muss die Pflanze in ähnlicher Weise wie Tier und Mensch beseelt sein.

Man sieht gewisse Pflanzen, welche durch Organe Insekten heranziehen und sie verzehren. Eine gewisse Sinnestätigkeit und Fresstätigkeit entwickeln sie, sie ziehen diese Insekten heran und verdauen sie gleichsam. Und die Schlussfolgerungen, die man daran anschließt, sind sehr geeignet, den Unterschied zwischen Pflanze, Tier und Mensch zu verwischen, der nicht verwischt werden darf.

Derjenige, der mit praktischem Denken vertraut ist, kann Folgendes sagen: Ich kenne ein merkwürdiges Wesen, das hat auch die Eigenheit, durch gewisse Verrichtungen in seinem Inneren wie mit magnetischer Kraft kleine Wesen anzuziehen; und wenn sie herankommen, sie dann nicht nur in sein Inneres zu befördern, sondern sie dort sogar zu töten. Das ist nämlich eine Mausefalle! Und die Gedankenform, die man so auf die Mausefalle anwendet, die ist nach demselben Muster gebildet wie die Gedankenformen, die von manchen Leuten auf etwas angewendet werden, was ein neues Gebiet der Pflanzen erschließen soll – auf «das Seelenleben der Pflanzen».

Wenn man sich solche Dinge vor Augen führt, dann kann man ein wenig ermessen, wie wichtig es ist, dieses Denken wirklich durch die angegebenen Mittel praktisch zu schulen. Man kann nicht bloß die Umsichtigkeit des Denkens schulen, sondern es auch durch künstliche Mittel bis zur gewissen Klarheit des Denkens bringen. Wiederum weichen allerdings die Übungen, die dazu dienen, von den Denkgewohnheiten ab.

Die meisten Menschen werden sich nicht schnell genug ihre Urteile über irgendeine Sache bilden können. Und wenn sie sie haben, so befriedigt sie das. Sie denken nicht daran, dass es auch anders sein kann. Wenn ein anderer etwas anderes sagt, dann ist er ein Tor. Auf diese Weise lernt man aber nicht denken! Man lernt es vielmehr dadurch, dass wenn man sich eine Meinung gebildet hat, man sich auch die andere Denkmöglichkeit vorhält, dass man an dem, was man selber gemeint hat, nicht festhält, sondern auch die andere Meinung in aller Liebe danebensetzt.

Man wird sehen, dass das möglich ist, was man nur charakterisieren kann, indem man sagt: Nur der kann die Wahrheit erkennen, der auch die eigene Meinung nicht achtet. Es ist sehr nützlich, wenn man eine Frage zu beantworten, eine Aufgabe zu lösen hat, sich zunächst die verschiedenen Arten vorzuhalten, wie man sie auflösen kann – und dann die Sache ruhen zu lassen.

Man muss da nämlich einen Glauben haben, der sehr wichtig ist für die Praxis, den Glauben, dass man in sich etwas hat, eine Art von höherem Menschen, der noch besser denken kann, als man denkt, wenn man selbst dabei ist. Man braucht nicht so egoistisch zu sein, dass man überall dabei sein will, bei allem, was in der Seele vorgeht, und dass man glaubt, man weiß immer das Allerbeste. Wer an die reale Gültigkeit des Denkens glaubt und zu ihr Vertrauen hat, wird sich sagen: «Meine Gedanken werden durch ihre eigenen Kräfte am schönsten sachlich vorwärtskommen, wenn ich selber gar nicht dabei bin, wenn ich mich ausschalte und an etwas anderes gehe und morgen oder übermorgen mir das alles wieder vorlege.»

Da wird man bemerken, dass man, wenn man nicht dabei gewesen ist, über diese Frage viel gescheiter geworden ist. Die Denkmöglichkeiten arbeiten dann in einem und man kommt zu einer Entscheidung in viel günstigerem Sinne. Das ist von ungeheurer Bedeutung.

Und wenn man glaubt, die Selbstlosigkeit hat es ein zweites Mal noch nicht zur Entscheidung kommen lassen, dann ist es von ungeheurer erzieherischer Bedeutung, wenn man nochmal wartet. Und man wird sehr bald bemerken, wie das Denken klarer und schlagfertiger wird. Man wird viel leichter, wenn man das Denken so geschult hat, rasch die Dinge zusammendenken können.

So kann man im Einzelnen die Dinge angeben, durch die das Denken sich allmählich schulen kann. Wiederum von großer Bedeutung ist es, dass man für die praktische denkerische Ausbildung das Folgende beachtet: Solange du Interesse an einer Sache hast, sollst du sie anschauen, beobachten – und schweigen. Reden sollst du erst, wenn du kein unmittelbares Interesse mehr daran hast, wenn du dich über die Sache erhoben hast.

Solange man noch zu sehr engagiert ist mit dem Interesse an einer Sache, soll man sie berücksichtigen und schweigen. Man redet am besten dann, wenn man nicht mehr das unmittelbare Interesse hat, sondern mit seiner Freude oder seinem Leid davon losgekommen ist. Wer sich vornimmt, ein Urteil sich erst dann zu bilden, wenn das Interesse geschwunden ist, wer sich für alles interessieren und doch mit dem Urteil zurückhalten kann, wer erst in der Erinnerung sich das Urteil bildet, der kommt sehr weit. Das ist ein ganz bedeutsamer Fingerzeig, der das praktische Denken wesentlich schulen kann.

Und was nun noch besonders wichtig ist, das ist, dass man mit dem, was man schon ist, bei der Art, wie sich das Denken heranbildet, gar nicht dabei ist. Sehr wichtig für einen, der sich praktisch schulen will, ist, dass er gewisse Zeiten am Tag versucht, gar nicht zu denken. Denn dadurch wird das Denken am besten geschult, dass wir es durch *unser* Denken möglichst wenig schädigen. Wenn wir uns aller Gedanken entschlagen können, wenn wir es vermögen, gar nichts zu denken, dann wirkt die innere, immer vorhandene Kraft der Seele und bringt uns eigentlich ein Stück vorwärts.

Denn durch das, was wir selber tun können, bringen wir uns eher rückwärts als vorwärts. Das ist sehr schwer, und die Energie, die man dazu aufwenden muss, ist sehr groß. Aber es ist von ungeheurem Wert, alles, was an irrlichtelierenden Gedanken im Inneren auf und ab wogt, zu unterdrücken und gar nichts zu denken. Was in uns denkt, ist auch dann da, wenn wir selbst nicht mitdenken. Das bildet sich am besten aus, wenn wir eine Weile nicht dabei sind, denn dann stehen wir nicht durch unsere Persönlichkeit, unserer Individualität im Wege.

Wie es schon Arbeit ist, wenn wir uns verschiedene Möglichkeiten vorhalten und die Gedanken dann selbst arbeiten lassen, so ist es von wesentlicher Bedeutung, dass wir das, was Gedankenkraft ist, arbeiten lassen, ohne dass wir dabei sind – dass wir, wenn auch durch noch so kurze Augenblicke, das denkerische Wesen in uns sich ohne unser Zutun entwickeln lassen. Wer das längere Zeit macht, wird die große Wohltat einer solchen Sache merken.

Es ist richtig, was Fichte in Bezug auf eine andere Sache gesagt hat. Sehen Sie, er hat über die Bestimmung des Gelehrten gesprochen und wusste voraus, dass er so hohe Ideale aufstellen musste, dass die Menschen nicht mitgehen, weil sie es «unpraktisch» finden. Da sagt er dann: *«Dass Ideale in der wirklichen Welt sich nicht darstellen lassen, wissen wir andern vielleicht so gut, als sie, vielleicht besser. Wir behaupten nur, dass nach ihnen die Wirklichkeit beurteilt, und von denen, die dazu Kraft in sich fühlen, modifiziert werden müsse. Gesetzt, sie könnten auch davon sich nicht überzeugen, so verlieren sie dabei, nachdem sie einmal sind, was sie sind, sehr wenig; und die Menschheit verliert nichts dabei. Es wird dadurch bloß das klar, dass nur auf sie nicht im Plan der Veredlung der Menschheit gerechnet ist. Diese wird ihren Weg ohne Zweifel fortsetzen; über jene wolle die gütige Natur walten, und ihnen zu rechter Zeit Regen und Sonnenschein, zuträgliche Nahrung und ungestörten Umlauf der Säfte, und dabei – kluge Gedanken verleihen!»*[1]

1 Johann Gottlieb Fichte, *Von den Pflichten der Gelehrten* (Felix Meiner, Hamburg 1971, S. 2).

So sagt Fichte über die, die von der Unpraxis des Idealen sprechen. Eine gütige Vorsehung tut in Bezug auf das menschliche Denken allerdings das ihrige. Für vieles, was der Mensch an seiner Gedankenkraft verdirbt, wird der Ausgleich dadurch geschaffen, dass der Mensch schläft. Würde er immer wachen und durch seine Gedanken die Denkkraft beeinträchtigen, dann wäre das nicht auszuhalten.

Dass der Mensch schläft, gibt ihm die Möglichkeit, in der inneren Denkkraft immer weiter vorzurücken. Es wird das Denken aber sehr gefördert, wenn der Mensch sich entschließt, nicht zu denken, obwohl er wach ist. Die Augenblicke des Nichtdenkens sind die größten erzieherischen Mittel für das Denken.

Nur einzelne Punkte konnten aus dem Umfang dessen, was man zu sagen hätte und was zwanzig Vorträge nicht erschöpfen könnten, herausgehoben werden, einzelne Punkte, die angeben können, wie man aus den Gesetzen der Geisteswissenschaft heraus das Denken für das praktische Leben schulen kann. Denn wahrhaftig: Es wird das Denken durch solche Dinge geschult, es wird das Denken dadurch sowohl für Scharfsichtigkeit und Klarheit wie auch für die Geistesgegenwart geschult. Immer weiter kommen wir, wenn wir uns nicht verdrießen lassen, solche Dinge anzuwenden.

Man möchte sagen: Würde man zeitig genug solche innere Schulung des Denkens auch pädagogisch anwenden, so würde alles das, was im Inneren herausziseliert werden kann, den menschlichen Organismus so durchdringen, dass er ganz geschickt würde.

Was heute gesagt worden ist, ist konkretes Denken, das den Menschen geschickt macht. Ich sage Ihnen, so sonderbar es klingt: Dafür sorgt noch die Natur, dass die Menschen aufheben können, was ihnen heruntergefallen ist. Würde man aber die Denkkräfte so schulen, wie es heute gesagt worden ist, dann würde man die Menschen dahin bringen, dass sie mit den Zehen aufheben könnten, was ihnen herunterfällt. Nur die Nichtschulung des Denkens macht es, dass man in vielen Dingen so ungeschickt ist, weil die Schulung des Denkens nicht im Zentrum des Menschen arbeitet, nicht auf den Mittelpunkt geht.

Dieses Prinzip liegt in allem, was heute gesagt worden ist: auf den Mittelpunkt des Menschen zu gehen, von diesem heraus die Kräfte in alle menschlichen Glieder hineinstrahlen zu lassen, sodass der Mensch bis zur richtigen Handhabung des Suppenlöffels befähigt wird. Wenn so durch die Geisteswissenschaft eine richtige Schulung in das Denken hineinkommt, dann wird der Mensch systematisch gerade in Goethe ein Vorbild sehen, er wird zu einem in die Dinge untertauchenden und deshalb gültigen Denken kommen.

Gerade dadurch, dass man sein Denken so schult, kommt man dazu, überall die einfachsten Gedanken zu finden, das zu finden, was leicht überschaut werden kann. Man muss alle Dinge auf ihre einfache Gedankenkonstruktion zurückführen können. Das kann man nur, wenn das Denken in der angegebenen Weise geschult wird – sonst geht es seine eigenen Wege. Im Einzelnen können die Gedanken richtig sein, aber im Ganzen sind sie nicht brauchbar.

Nicht wahr, wie schön wird gerade heute in der Wissenschaft das oder jenes bewiesen, was ein klares Denken überhaupt auf den ersten Blick als Irrtum erkennt. Da gibt es heute Leute, die sagen zum Beispiel: «Eigentlich gibt es keine Substanz, sondern nur Bewegung!» Es ist in der letzten Zeit eine geistreiche Broschüre erschienen, die den Standpunkt einnimmt, dass alles Bewegung ist. Da wird wirklich gesagt, wenn der Mensch von einem Ort zum anderen geht, so trägt er nicht etwa das, was uns als seine Substantialität erscheint, von einem Ort zum anderen, sondern das ist nur Bewegung. Und indem er zum anderen Ort geht, reiht er eine neue Bewegung an.

Das ist ganz nach dem Muster dessen gedacht: Da oben ist die Sonne, die Sonnenteilchen sind bewegt, sie tanzen. Indem sie tanzen, geht nicht etwas von der Sonne zu uns, sagt man. Die nächste Ätherumgebung tanzt und so weiter und es tanzt der Äther bis zu uns herab. Nur die Bewegung wird übertragen, sagt man, und das wird als Licht empfunden. Dieser ganze «Äthertanz» wird in diesem scharfsinnigen Buch auf den Menschen angewendet. Der ganze Mensch ist eigentlich nur ein Tanz. Wenn ich an den nächsten Ort gehe, so erzeuge ich eine neue Bewegung und so weiter und so weiter.

Man möchte dem guten Mann nur raten, wenn er geht, ja nur niemals zu vergessen, dass er die Bewegung wieder neu erzeugt, sonst müsste er ins Nichts hinein verschwinden. Das ist ein Beispiel dafür, wie heute alles auf Bewegung zurückgeführt wird. Goethe hat es aber in seinem geraden Denken erfahren müssen, dass damals alles auf *Ruhe* zurückgeführt wurde. Alles dies ist durch das unpraktische Denken verursacht, das nicht imstande ist, Kompliziertes auf Einfaches zurückzuführen.

Goethe stand als Praktiker alldem gegenüber und dass er sich in all dem Schrullenhaften zurechtfand, fußt in dem, was er in seiner Denkpraxis gesagt hat. Das wollen wir uns auch zum Schluss sagen: Es kann auch den richtigen Gesichtspunkt für die Gesinnung angeben, die wir uns aneignen sollen. Er hat erfahren, dass sich seiner praktischen Denkweise Leute gegenüberstellten, die unpraktisch dachten. Und da sagte er den Grundsatz, den man wirklich für alle Denkerpraxis sich in die Seele schreiben soll – den Grundsatz:

Es mag sich Feindliches ereignen,
Du bleibe ruhig, bleibe stumm;
Und wenn sie dir die Bewegung leugnen,
Geh ihnen vor der Nas herum.[2]

---

2 Aus: Goethe, *Zahme Xenien III.*

Für eine leichtere Lesbarkeit sind folgende **Wortersetzungen** vorgenommen worden (im Text durch ° gekennzeichnet):

bewertet°	*ersetzt*	taxiert
Geisteswissenschaft°		Theosophie
Postkutschen°		Postchaisen

FACHAUSDRÜCKE DER GEISTESWISSENSCHAFT

Mensch- und Erdentwicklung

7 planetarische Verkörperungen der Erde	1. Saturn-, 2. Sonnen-, 3. Mond-Erde, 4. Erde (jetziger Planet), 5. Jupiter-, 6. Venus-, 7. Vulkan-Erde
7 geologische Epochen der jetzigen Erde	1. Polarische, 2. hyperboräische, 3. lemurische, 4. atlantische, 5. nachatlantische (die jetzige), 6., 7. Epoche
7 Kulturperioden der «nach-atlantischen» Zeit (je 2160 J.)	1. Indische, 2. persische, 3. ägypt.-chaldäische, 4. griech.-römische Kultur (747 v.–1413 n.Chr.); 5. unsere Kulturzeit (1413–3573 n.Chr.), 6., 7. Epoche

Das Wesen des Menschen

3 Körper-Hüllen	1. Physischer Körper 2. Ätherleib, Bildekräfteleib 3. Astralleib
3 Seelen-Kräfte	1. Empfindungsseele 2. Gemüts- oder Verstandesseele 3. Bewusstseinsseele
3 Geistes-Glieder	1. Geistselbst (höheres Ich) 2. Lebensgeist 3. Geistesmensch
Aus 9 wird 7	1. Physischer Leib, 2. Ätherleib, 3. Astralleib, 4. Ich, 5. Geistselbst, 6. Lebensgeist, 7. Geistesmensch

Dreiheit in Mensch und Welt

Geistige Wesen:	Luzifer	Christus	Ahriman
Evangelium:	Diabolos	Streben nach Gleich-gewicht	Satanas
Geistig:	Spiritualismus		Materialismus
Seelisch:	Schwärmerei		Pedanterie
Physisch:	Entzündung		Sklerose
Moralisch:	hemmend	fördernd	hemmend

Naturelemente

Ätherwelt:	Wärmeäther	Lichtäther	Ton-/Zahlenäther	Lebensäther
Phys. Welt:	Wärme	Luft	Wasser	Erde
Unternatur:	Schwerkraft	Elektrizität	Magnetismus	Atomkraft
Naturgeister:	Salamander	Sylphen	Undinen	Gnome

Stufen der Einweihung

1. Imagination	Bilder sehen – in der Akasha-Chronik (Ätherwelt)
2. Inspiration	Worte hören – in der Seelenwelt (Astralwelt)
3. Intuition	Wesen erkennen – in der geistigen Welt (Devachan)

Rudolf Steiner (1861-1925) hat die moderne Naturwissenschaft durch eine umfassende Wissenschaft des Übersinnlich-Geistigen ergänzt. Seine «Anthroposophie» ist in der heutigen Kultur eine einzigartige Herausforderung zur Überwindung des Materialismus, dieser leidvollen Sackgasse der Menschheitsentwicklung.

Steiners Geisteswissenschaft ist keine bloße Theorie. Ihre Fruchtbarkeit zeigt sie vor allem in der Erneuerung verschiedener Bereiche des Lebens: der Erziehung, der Medizin, der Kunst, der Religion, der Landwirtschaft, bis hin zu einer gesunden Dreigliederung des ganzen sozialen Organismus, in der Kultur, Rechtsleben und Wirtschaft genügend voneinander unabhängig gestaltet werden und sich dadurch gesund entfalten können.

Von der etablierten Kultur ist Rudolf Steiner bis heute im Wesentlichen ignoriert worden. Dies vielleicht deshalb, weil viele Menschen vor der Wahl zwischen Macht und Menschlichkeit, zwischen Geld und Geist, zurückschrecken. In dieser Wahl liegt jene innere Erfahrung der Freiheit, die vor zweitausend Jahren allen Menschen möglich gemacht wurde und die zu einer zunehmenden Scheidung der Geister in der Menschheit führt.

Die Geisteswissenschaft Rudolf Steiners kann weder ein elitäres noch ein Massenphänomen sein: Einerseits kann nur der einzelne Mensch in seiner Freiheit dazu Stellung nehmen und sie ergreifen, andrerseits kann dieser Einzelne in allen Schichten der Gesellschaft und in allen Völkern und Religionen der Menschheit seine Wurzeln haben.